Tiago Alberione

Novena e biografia

Maria Belém, fsp

Tiago Alberione
Novena e biografia

Citações bíblicas: *Bíblia Sagrada* – tradução da CNBB, 2ª ed., 2002.

Editora responsável: *Celina Weschenfelder*
Equipe editorial

Nenhuma parte desta obra poderá ser reproduzida ou transmitida por qualquer forma e/ou quaisquer meios (eletrônico ou mecânico, incluindo fotocópia e gravação) ou arquivada em qualquer sistema ou banco de dados sem permissão escrita da Editora. Direitos reservados.

Paulinas

Rua Pedro de Toledo, 164
04039-000 – São Paulo – SP (Brasil)
Tel.: (11) 2125-3549– Fax: (11) 2125-3548
http://www.paulinas.org.br – editora@paulinas.org.br
Telemarketing e SAC: 0800-7010081

© Pia Sociedade Filhas de São Paulo – São Paulo, 2003

Introdução

A vida de padre Tiago Alberione foi humilde e pobre, profundamente simples e silenciosa. Uma vida sem barulho. Assim foi em tudo: nas atitudes, nas palavras, como estudante e como sacerdote. Foi uma "semente de mostarda" escondida na terra. Contudo, sua grande humildade e simplicidade, procurando ser sempre o último e servindo a todos, como Jesus, fez germinar uma grande árvore repleta de ramos, flores e frutos. Tal crescimento tornou-se evidente em sua vida de santidade, como também em sua grande obra. E o eco dessa obra é feito de música, de imprensa e de imagens que ressoam pelo mundo inteiro, abrindo para todos caminhos de fé e de esperança.

O reconhecimento da santidade de Alberione já acontecera antes da proclamação oficial da Igreja, especialmente com algumas declarações de dois papas, seus amigos. Dizia o bem-aventurado João XXIII: "Padre Alberione veio ao meu encontro... parecia-me ver a humildade personificada. Ele sim é um grande homem!". E Paulo VI, na audiência concedida aos seguidores de Alberione, em 27 de novembro de 1974, recordava: "Lembro-me do encontro edificante com padre Alberione. Este é um homem que está entre as maravilhas do nosso século".

O ideal de Alberione, para ele e para os seus filhos e filhas, era consagrar-se a Deus e comunicar a todos o Evangelho, anunciar Jesus Mestre, Caminho, Verdade e Vida, por meio dos instrumentos da comunicação, isto é, com todos os meios que a ciência e a técnica ofereciam naquele momento e ofereceriam no futuro.

Ele foi sempre aberto a Deus, atento aos sinais dos tempos e a tudo que facilitasse e multiplicasse a comunicação da mensagem evangélica. Sendo assim, enviou seus seguidores a todos os continentes, e ele mesmo fez muitas viagens pelo mundo para sentir de perto os povos e visitar seus filhos e filhas.

No Brasil, padre Alberione esteve seis vezes: a primeira em 1946, logo após o término da 2ª Guerra Mundial, e a última vez em 1963, quando já estava com 79 anos de idade.

Esta novena, em breves pinceladas, quer levar o(a) leitor(a) a conhecer a biografia de Alberione, assim como sua profunda vida de oração e seu carisma missionário. Quer também levá-lo(a) a rezar com Alberione e por sua intercessão alcançar as graças de Deus.

PRIMEIRO DIA

Infância

Em nome do Pai, do Filho e do Espírito Santo. Amém.

Oração ao bem-aventurado Tiago Alberione

Ó Deus, Pai, Filho e Espírito Santo, nós vos agradecemos por terdes dado à Igreja e ao mundo o bem-aventurado Tiago Alberione, como profeta e apóstolo da comunicação social. Por sua intercessão, abençoai todos nós e fazei que a seu exemplo sejamos mais santos(as) e comunicadores(ras) da mensagem do Evangelho. Por meio de Jesus Mestre, Caminho, Verdade e Vida, e de Maria Santíssima, Rainha dos Apóstolos e Mãe da humanidade, concedei-nos viver a paz e a felicidade dos filhos de Deus. Amém.

Lembrando a história

Esse grande santo nasceu a 4 de abril de 1884, na pequena cidade rural de São Lourenço de Fossano, no norte da Itália.

Tiago foi o quarto filho de Miguel Alberione e de Teresa Alloco, camponeses modestos e laboriosos. Ele teve seis irmãos: Miguel, João, Juvenal, Francisco, Margarida, que faleceu com quatro meses, e Tomás, o mais novo, que sobreviveu e sempre o acompanhou de perto.

Uma das mais importantes lembranças de sua infância foi a pronta resposta dada à professora Rosina Cardona, que lhe perguntara o que queria ser quando crescesse: "Quero ser padre!". Era o início de uma vocação levada a sério e que mudaria o rumo de sua vida e o de muitas pessoas que o seguiriam.

Palavras de padre Alberione

"O centro da história humana é Jesus Cristo. Nosso programa de vida deve ser meditar sobre Jesus Cristo diariamente para conhecê-lo sempre melhor, segui-lo com mais amor e amá-lo intensamente" (VD, 566).[1]

Rezando com padre Alberione

Oração à Santíssima Trindade: Trindade Santíssima, Pai, Filho e Espírito Santo, presente e atuante na Igreja e na profundidade do meu ser! Eu vos adoro, amo e agradeço. E pelas mãos de Maria, minha Mãe santíssima, a vós me ofereço, entrego e consagro inteiramente, nesta vida e na eternidade.

Pai celeste, a vós me ofereço, entrego e consagro como filho. Jesus Mestre, a vós

---

[1] VD = *Vademecum*: obra que reúne, por tema, os escritos de Alberione.

me ofereço, entrego e consagro como irmão e discípulo. Espírito Santo, a vós me ofereço, entrego e consagro, como templo vivo para ser santificado.

Maria, Mãe da Igreja e minha Mãe, vós que estais em íntima união com a Santíssima Trindade, ensinai-me a viver em comunhão com as três Pessoas Divinas, a fim de que a minha vida inteira seja um hino de glória ao Pai, ao Filho e ao Espírito Santo. Amém.

Neste momento, peço a Deus, por intercessão do bem-aventurado Tiago Alberione, a graça (*fazer o pedido*). Deus me ouça, me abençoe e me guarde. Amém.

Pai-Nosso, Ave-Maria, Glória-ao-Pai...

SEGUNDO DIA

Seminarista

Em nome do Pai, do Filho e do Espírito Santo. Amém.

Oração ao bem-aventurado Tiago Alberione

Ó Deus, Pai, Filho e Espírito Santo, nós vos agradecemos por terdes dado à Igreja e ao mundo o bem-aventurado Tiago Alberione, como profeta e apóstolo da comunicação social. Por sua intercessão, abençoai todos nós e fazei que a seu exemplo sejamos mais santos(as) e comunicadores(ras) da mensagem do Evangelho. Por meio de Jesus Mestre, Caminho, Verdade e Vida, e de Maria Santíssima, Rainha dos Apóstolos e Mãe da humanidade, concedei-nos viver a paz e a felicidade dos filhos de Deus. Amém.

Lembrando a história

Em 1896, Alberione freqüentava a quinta série elementar, quando seu pároco padre João Batista Motersino o encaminhou para o seminário da cidade de Bra, próxima a Cherasco, onde morava. Se a mãe o incentivava, o pai colocava obstáculos, por não estar muito convencido da vocação dele e porque seriam dois braços a menos na lavoura.

No seminário, Alberione dedicou-se com grande empenho aos estudos e trabalhos; lia muito e procurava conhecer as realidades e as transformações pelas quais a Igreja e o mundo passavam.

No início de 1900, Alberione teve de deixar o seminário por ordem dos superiores. Em seguida, no final do mesmo ano, em outubro, pode regressar, agora para o seminário de Alba, onde retomou e concluiu seus estudos.

Palavras de padre Alberione

"O meio mais eficaz para conseguir soluções nas dificuldades é sempre a oração. Pode acontecer que se peça por meses e meses, anos e anos uma graça e não se consiga; mesmo neste caso, deve-se continuar a rezar" (VD, 875).

Rezando com padre Alberione

Invocações a Jesus Mestre: Jesus Mestre, santificai minha mente e aumentai minha fé.

Jesus Mestre, vivo na Igreja, atraí todos à vossa escola.

Jesus Mestre, libertai-me do erro, dos pensamentos inúteis e das trevas eternas.

Jesus Mestre, caminho entre o Pai e nós, tudo vos ofereço e de vós tudo espero.

Jesus, caminho da santidade, tornai-me vosso fiel seguidor.

Jesus caminho, tornai-me perfeito como o Pai que está nos céus.

Jesus vida, vivei em mim, para que eu viva em vós.

Jesus vida, não permitais que eu me separe de vós.

Jesus vida, fazei-me viver eternamente na alegria do vosso amor.

Jesus verdade, que eu seja luz para o mundo.

Jesus caminho, que eu seja vossa testemunha autêntica diante das pessoas.

Jesus vida, fazei que minha presença contagie a todos com o vosso amor e a vossa alegria.

Neste momento, peço a Deus, por intercessão do bem-aventurado Tiago Alberione, a graça (*fazer o pedido*). Deus me ouça, me abençoe e me guarde. Amém.

Pai-Nosso, Ave-Maria, Glória-ao-Pai...

TERCEIRO DIA

A noite luminosa

Em nome do Pai, do Filho e do Espírito Santo. Amém.

Oração ao bem-aventurado Tiago Alberione

Ó Deus, Pai, Filho e Espírito Santo, nós vos agradecemos por terdes dado à Igreja e ao mundo o bem-aventurado Tiago Alberione, como profeta e apóstolo da comunicação social. Por sua intercessão, abençoai todos nós e fazei que a seu exemplo sejamos mais santos(as) e comunicadores(ras) da mensagem do Evangelho. Por meio de Jesus Mestre, Caminho, Verdade e Vida, e de Maria Santíssima, Rainha dos Apóstolos e Mãe da humanidade, concedei-nos viver a paz e a felicidade dos filhos de Deus. Amém.

Lembrando a história

Na passagem do século XIX para o século XX, isto é, na noite de 31 de dezembro de 1900 para 1º de janeiro de 1901, Alberione permaneceu em oração na catedral da cidade de Alba, conforme os apelos do papa Leão XIII a todos os fiéis, em preparação ao novo século.

Durante a oração sentiu a luz de Deus, vinda do tabernáculo, que o tocava e o chamava para uma vocação especial: "Levar Deus a todos". Em resposta prometeu: "Farei alguma coisa de bem para as pessoas do novo século com as quais conviverei".

Foi realmente uma noite decisiva e luminosa, cujo clarão iluminou toda sua vida.

Palavras de padre Alberione

"A mão de Deus está sobre mim... (cf. Ez 1,3). Da eucaristia vieram a luz, a graça, a força e as vocações no início do caminho. Sinto, diante de Deus e das pessoas, o peso da missão que me foi confiada pelo Senhor apesar de minha pequenez e indignidade" (VD, 18).

Rezando com padre Alberione

Oração a são Paulo: Ó são Paulo, mestre dos gentios, olhai com amor para a nossa pátria! Vosso coração se dilatou para acolher todos os povos no abraço da paz. Agora, no céu, o amor de Cristo vos leve a iluminar todos com a luz do Evangelho e a estabelecer no mundo o reino do amor. Suscitai vocações, confortai os que anunciam o Evangelho, preparai as pessoas para que acolham Cristo, divino Mestre. Que o nosso povo encontre e reconheça sempre a Cristo, como o Caminho, a Verdade e a Vida; busque o Reino de Deus e trabalhe em sua realização, para que a luz de cada um resplandeça diante do mundo. Iluminai, animai e abençoai todos. Amém.[1]

Neste momento, peço a Deus, por intercessão do bem-aventurado Tiago Alberione, a graça (*fazer o pedido*). Deus me ouça, me abençoe e me guarde. Amém.

Pai-Nosso, Ave-Maria, Glória-ao-Pai....

---

[1] Essa oração foi composta por padre Alberione durante sua visita ao Brasil, em 1946.

QUARTO DIA

Sacerdote e missionário

Em nome do Pai, do Filho e do Espírito Santo. Amém.

Oração ao bem-aventurado Tiago Alberione

Ó Deus, Pai, Filho e Espírito Santo, nós vos agradecemos por terdes dado à Igreja e ao mundo o bem-aventurado Tiago Alberione, como profeta e apóstolo da comunicação social. Por sua intercessão, abençoai todos nós e fazei que a seu exemplo sejamos mais santos(as) e comunicadores(ras) da mensagem do Evangelho. Por meio de Jesus Mestre, Caminho, Verdade e Vida, e de Maria Santíssima, Rainha dos Apóstolos e Mãe da humanidade, concedei-nos viver a paz e a felicidade dos filhos de Deus. Amém.

Lembrando a história

Alberione ordenou-se sacerdote no dia 29 de junho de 1907. No dia seguinte, celebrou a primeira missa, que contou com a presença de sua mãe, de seus irmãos e demais familiares e amigos.

Apenas ordenado, em 1908, recebeu o cargo de professor e diretor espiritual do seminário. Ao lado dessas atividades, o jovem padre alimentava sua vocação missionária e apostólica. Sempre atento aos ensinamentos da Igreja e às necessidades da sociedade da época, sentiu a urgência de uma missão nova na Igreja. Uma missão que usasse os progressos da ciência e da técnica, a imprensa e outros meios de comunicação social para a evangelização. Sentiu também a necessidade de convocar novos apóstolos e de usar novos métodos pastorais.

Palavras de padre Alberione

"Uma mãe é um grande tesouro numa família. Maria Santíssima realiza em toda família ou comunidade o que a melhor das mães faria. Ela traz o sorriso humano e a alegria do céu mesmo onde entrou a dor. Ela traz a ternura aos corações. Traz a compreensão e o afeto para os casais, docilidade aos filhos, paciência e coragem para todos" (VD, 612).

Rezando com padre Alberione

Pela missão com os meios de comunicação: são Paulo, incansável apóstolo dos gentios, que em Éfeso destruístes os escritos prejudiciais ao povo, olhai com bondade para nós. Vede que uma imprensa sem escrúpulos tenta arrancar a fé e os bons costumes do nosso povo. Iluminai, santo Apóstolo, a inteligência dos jornalistas e escritores, para que comuniquem mensagens construtivas, e dai-lhes coragem para que evitem tudo quanto se opõe à promoção e à libertação de nosso povo. Alcançai-nos a graça de sermos cristãos ativos na Igreja, de discernir, com senso crítico, as mensagens que recebemos diariamente. E que possamos divulgar, segundo as nossas possibilidades, a imprensa que orienta para Deus, que promove o conhecimento e a doutrina da Igreja e a salvação das pessoas. Amém.

Neste momento, peço a Deus, por intercessão do bem-aventurado Tiago Alberione, a graça (*fazer o pedido*). Deus me ouça, me abençoe e me guarde. Amém.

Pai-Nosso, Ave-Maria, Glória-ao-Pai....

QUINTO DIA

Fundador da Família Paulina

Em nome do Pai, do Filho e do Espírito Santo. Amém.

Oração ao bem-aventurado Tiago Alberione

Ó Deus, Pai, Filho e Espírito Santo, nós vos agradecemos por terdes dado à Igreja e ao mundo o bem-aventurado Tiago Alberione, como profeta e apóstolo da comunicação social. Por sua intercessão, abençoai todos nós e fazei que a seu exemplo sejamos mais santos(as) e comunicadores(ras) da mensagem do Evangelho. Por meio de Jesus Mestre, Caminho, Verdade e Vida, e de Maria Santíssima, Rainha dos Apóstolos e Mãe da humanidade, concedei-nos viver na paz e felicidade dos filhos de Deus. Amém.

Lembrando a história

Padre Alberione, por inspiração de Deus, fundou na Igreja uma grande família composta de cinco congregações religiosas, quatro institutos seculares e uma associação de leigos. A primeira congregação teve início no dia 20 de agosto de 1914 e os últimos institutos, em 1960.

Ele deu à Igreja e ao mundo "dez vozes" para anunciar e comunicar a mensagem do Evangelho. A Família Paulina teve uma origem comum, um só fundador, um único espírito: "Viver Jesus Cristo e servir a Igreja". Cada fundação, porém, tem sua missão particular, mas todas devem evangelizar as pessoas de hoje, com os meios técnicos disponíveis atualmente.

Palavras de padre Alberione

"Tenho bem claro o que o Divino Mestre falou naquele dia do ano de 1922, quando, retirado em meu quarto, entreguei-me à oração e ao jejum: 'Não tenham medo, eu estou com vocês, daqui quero iluminar; conservem-se sempre na humildade e no arrependimento dos pecados'" (VD, 574).

Rezando com padre Alberione

Oração a Jesus operário: Jesus, divino operário e amigo dos operários, olhai com bondade para o mundo do trabalho. Nós vos apresentamos as necessidades de todos os que trabalham nos diversos setores da atividade humana. Sabeis como a nossa vida é dura: cheia de cansaços, sofrimentos e perigos. Dirigi a nós também vossas palavras: "Tenho compaixão deste povo". Confortai-nos, pelos méritos e intercessão de são José, modelo dos trabalhadores. Dai-nos sabedoria, força e amor, que nos sustentem nas jornadas de trabalho. Inspirai-nos pensamentos de fé, de paz, de moderação e de economia, e fazei que busquemos não só o pão cotidiano, mas também as riquezas do espírito e a felicidade eterna. Livrai-nos daqueles que procuram roubar-nos o dom da fé e a confiança na vossa Providência. Livrai-nos dos exploradores que desconhecem os direitos e a dignidade da pessoa humana. Que as leis sociais se inspirem no Evangelho. E que as diferentes classes sociais colaborem entre si, a fim de que a caridade e a justiça sejam respeitadas. Libertai todos do ódio, da violência e da injustiça. Ensinai-lhes o mandamento do amor. Amém.

Neste momento, peço a Deus, por intercessão do bem-aventurado Tiago Alberione, a graça (*fazer o pedido*). Deus me ouça, me abençoe e me guarde. Amém.

Pai-Nosso, Ave-Maria, Glória-ao-Pai...

SEXTO DIA

Espiritualidade de padre Alberione

Em nome do Pai, do Filho e do Espírito Santo. Amém.

Oração ao bem-aventurado Tiago Alberione

Ó Deus, Pai, Filho e Espírito Santo, nós vos agradecemos por terdes dado à Igreja e ao mundo o bem-aventurado Tiago Alberione, como profeta e apóstolo da comunicação social. Por sua intercessão, abençoai todos nós e fazei que a seu exemplo sejamos mais santos(as) e comunicadores(ras) da mensagem do Evangelho. Por meio de Jesus Mestre, Caminho, Verdade e Vida, e de Maria Santíssima, Rainha dos Apóstolos e Mãe da humanidade, concedei-nos viver a paz e a felicidade dos filhos de Deus. Amém.

Lembrando a história

Padre Alberione viveu e transmitiu a seus filhos e filhas uma profunda e sólida espiritualidade baseada na Palavra de Deus. Em são Paulo, apóstolo, e nas cartas dele, foi buscar a fisionomia, os conteúdos e o dinamismo de sua vida e de suas obras.

Assim Alberione resumia a espiritualidade: "A Família Paulina deseja viver integralmente o Evangelho de Jesus Cristo, Caminho, Verdade e Vida, no espírito de são Paulo, sob o olhar de Maria, Rainha dos Apóstolos, que é a Mãe, a Mestra e a Rainha das pessoas e das atividades apostólicas.

A fonte de toda a espiritualidade paulina está na Palavra de Deus e na eucaristia. Dessa fonte todos devem beber, porque dela vem toda luz, inspiração e força.

Palavras de Padre Alberione

"Rezar sempre sem nunca desistir (cf. Lc 18,1). Sempre. A oração é como o alimento que não se toma só no começo do dia, mas várias vezes em várias refeições, a fim de que se tenha boa saúde" (VD, 877). "A oração é o segredo dos santos e é o tema principal da Sagrada Escritura, que nos oferece muitas orações e fala dela umas quinhentas vezes" (VD, 1128).

Rezando com padre Alberione

Consagração a Maria: Ó Maria, nossa Mãe, Mestra e Rainha, acolhei-me entre os que amais, guiais e santificais, no seguimento de Jesus Cristo, Divino Mestre. Em Deus, vedes os filhos que ele chama e por eles intercedeis, obtendo-lhes graças, luz e conforto. Jesus Cristo, nosso Divino Mestre, confiou-se inteiramente aos vossos cuidados, desde a encarnação até a ascensão. Isto é para mim ensinamento, exemplo e dom inefável. Como Jesus, eu também me coloco em vossas mãos. Obtende-me a graça de conhecer, imitar e amar sempre mais o Divino Mestre. Apresentai-me a Jesus, para ser admitido(a) entre os(as) discípulos(as) dele. Iluminai-me, fortificai-me e santificai-me. Que eu possa corresponder plenamente à vossa bondade e possa um dia dizer: "Eu vivo, mas já não sou eu que vivo, pois é Cristo que vive em mim". Amém.

Neste momento, peço a Deus, por intercessão do bem-aventurado Tiago Alberione, a graça (*fazer o pedido*). Deus me ouça, me abençoe e me guarde. Amém.

Pai-Nosso, Ave-Maria, Glória-ao-Pai...

SÉTIMO DIA

Rumo à casa do Pai

Em nome do Pai, do Filho e do Espírito Santo. Amém.

Oração ao bem-aventurado Tiago Alberione

Ó Deus, Pai, Filho e Espírito Santo, nós vos agradecemos por terdes dado à Igreja e ao mundo o bem-aventurado Tiago Alberione, como profeta e apóstolo da comunicação social. Por sua intercessão, abençoai todos nós e fazei que a seu exemplo sejamos mais santos(as) e comunicadores(ras) da mensagem do Evangelho. Por meio de Jesus Mestre, Caminho, Verdade e Vida, e de Maria Santíssima, Rainha dos Apóstolos e Mãe da humanidade, concedei-nos viver a paz e a felicidade dos filhos de Deus. Amém.

Lembrando a história

De 1965 em diante, Alberione não realizou mais grandes viagens, mesmo assim continuava suas atividades de orientação às diversas congregações e institutos. Pouco a pouco, porém, foi deixando a seus filhos e filhas os postos de direção. Assim, em 1969, acompanhou a escolha de seu sucessor na função de superior-geral.

Dedicava, então, muitas horas à oração, à celebração diária da Santa Missa, à leitura dos documentos da Igreja e dos principais jornais. Freqüentemente recebia a visita de seus filhos e filhas que vinham pedir-lhe uma bênção ou uma mensagem oportuna. Essa rotina foi constante até três dias antes de sua morte, ocorrida no dia 26 de novembro de 1971, às 18h25. Nesse mesmo dia, horas antes, o papa Paulo VI, seu grande amigo, o visitou dando-lhe seu adeus e sua bênção.

Palavras de padre Alberione

"A vida é alegre, serena e agradável quando reina a caridade, pois aí está Deus vivo, presente com suas luzes, bênçãos e conforto" (VD, 763). A vida passa rápida e a cada dia nos aproximamos do final de nossa existência terrena. Mais anos, menos anos estaremos no céu, onde tudo é paz e serenidade. Preparemo-nos para este dia!" (VD, 908).

Rezando com padre Alberione

Pelos falecidos: Senhor Jesus, Mestre bondoso, acolhei na vossa paz os que morreram, especialmente aqueles aos quais estamos ligados pela gratidão, justiça e caridade: os parentes, amigos e benfeitores. Peço-vos pelas pessoas que nesta terra tiveram maiores responsabilidades: os sacerdotes, os governantes e as pessoas consagradas ao vosso serviço. Peço-vos ainda pelos que perderam a vida em acidentes, pelos suicidas e pelas vítimas da violência, do ódio, da guerra e da fome. Peço-vos também pelos que morreram no abandono e são esquecidos e por aqueles que vos dedicaram um grande amor! E para nós, concedei-nos crescer sempre mais na caridade, a fim de que possamos um dia contemplar-vos face a face, para sempre, no céu. Amém.

Neste momento, peço a Deus, por intercessão do bem-aventurado Tiago Alberione, a graça (*fazer o pedido*). Deus me ouça, me abençoe e me guarde. Amém.

Pai-Nosso, Ave-Maria, Glória-ao-Pai...

OITAVO DIA

A beatificação

Em nome do Pai, do Filho e do Espírito Santo. Amém.

Oração ao bem-aventurado Tiago Alberione

Ó Deus, Pai, Filho e Espírito Santo, nós vos agradecemos por terdes dado à Igreja e ao mundo o bem-aventurado Tiago Alberione, como profeta e apóstolo da comunicação social. Por sua intercessão, abençoai todos nós e fazei que a seu exemplo sejamos mais santos(as) e comunicadores(ras) da mensagem do Evangelho. Por meio de Jesus Mestre, Caminho, Verdade e Vida, e de Maria Santíssima, Rainha dos Apóstolos e Mãe da humanidade, concedei-nos viver a paz e a felicidade dos filhos de Deus. Amém.

Lembrando a história

Padre Tiago Alberione foi beatificado no dia 27 de abril de 2003, em Roma, pelo papa João Paulo II. Sacerdote humilde que se julgava um simples instrumento nas mãos de Deus, hoje é reconhecido publicamente como um homem de Deus, carismático e, sobretudo, um apóstolo da comunicação social do século XX.

Após longo caminho, a beatificação se tornou possível em vista do milagre que salvou Maria Librada Gonzáles Rodriguez, mexicana de Guadalajara, de uma tromboembolia pulmonar quando já estava desenganada pelos médicos. A cura foi julgada miraculosa, pois a ciência não podia explicá-la. Foi também reconhecida como tal em 2002, pela Igreja, que colocou padre Alberione na lista das beatificações. E sua beatificação foi de grande alegria para toda a Família Paulina, para seus amigos e para toda a Igreja.

Palavras de padre Alberione

"A santidade é um caminho relativamente fácil, pois consiste em estar unido a Jesus. Quando Jesus está conosco, temos tudo. Não precisamos procurar coisas difíceis e complicadas" (VD, 677).

Rezando com padre Alberione

Ao Mestre divino: Jesus, Divino Mestre, nós vos adoramos com os anjos que cantaram os motivos da vossa encarnação: "Glória a Deus e paz a todos nós". Nós vos louvamos e agradecemos, porque nos chamastes a participar de vossa missão. Acendei em nosso coração o fogo que ardia em vós, para que saibamos doar inteiramente a nossa vida a serviço de Deus e dos irmãos. Dai-nos a plenitude do vosso Espírito. Vivei em nós, ó Jesus, para que possamos irradiar-vos com o testemunho de nossa vida e com o apostolado da oração, do sofrimento e das comunicações sociais. Senhor, enviai bons operários para vossa messe! Iluminai os que ensinam por meio da palavra falada e escrita, e dos modernos meios de comunicação. Infundi neles o Espírito Santo e preparai as pessoas para acolherem a sua mensagem. Vinde, Mestre e Senhor! Amém.

Neste momento, peço a Deus, por intercessão do bem-aventurado Tiago Alberione, a graça (*fazer o pedido*). Deus me ouça, me abençoe e me guarde. Amém.

Pai-Nosso, Ave-Maria, Glória-ao-Pai...

NONO DIA

Herança deixada por padre Alberione

Em nome do Pai, do Filho e do Espírito Santo. Amém.

Oração ao bem-aventurado Tiago Alberione

Ó Deus, Pai, Filho e Espírito Santo, nós vos agradecemos por terdes dado à Igreja e ao mundo o bem-aventurado Tiago Alberione, como profeta e apóstolo da comunicação social. Por sua intercessão, abençoai todos nós e fazei que a seu exemplo sejamos mais santos(as) e comunicadores(ras) da mensagem do Evangelho. Por meio de Jesus Mestre, Caminho, Verdade e Vida, e de Maria Santíssima, Rainha dos Apóstolos e Mãe da humanidade, concedei-nos viver a paz e a felicidade dos filhos de Deus. Amém.

Lembrando a história

A herança deixada por padre Alberione para seus filhos e filhas, e para todo o povo de Deus, são a nova maneira de viver a santidade e as novas formas de evangelização. O santo de hoje não pode se ausentar do mundo, de seus irmãos que sofrem, mas deve, nas realidades do dia-a-dia, nas transformações, viver a mensagem do Evangelho em sua integralidade, isto é, viver o amor de Deus e o amor ao próximo. Além disso, como Alberione, deve ser o mensageiro do Evangelho comunicando a todos, com as novas tecnologias, a verdade que salva, o caminho da virtude e a vida que vem de Deus e pulsa nos irmãos.

Palavras de padre Alberione

"Quem se aproxima de são Paulo, pouco a pouco, transforma-se e passa a viver como ele e rezar como ele. Quem ama são Paulo abre o coração e a mente, torna-se generoso e enxerga longe" (VD, 637).

Rezando com padre Alberione

Oração a Maria: Salve, Maria, nossa Mãe, Mestra e Rainha! Escutai com bondade a súplica que vos apresentamos, conforme o desejo de Jesus: "Pedi ao Senhor da messe que envie operários para sua messe". Olhai com misericórdia para todas as pessoas que vivem no mundo! Muitas se acham perdidas nas trevas. Sem Pai, sem Pastor, sem Mestre. Recebestes de Deus a missão de lhes dar Jesus que é o Caminho, a Verdade e a Vida. Voltando-se para vós, possam elas encontrar o caminho para Cristo!

Ó Maria, por vós, todos os cristãos trabalhem, com todas as energias, por todas as vocações, para todos os apostolados! Por vós, todos os que crêem trabalhem em favor dos que não crêem! Todos os que sabem amar, por todos os indiferentes. Aos pés da cruz, vosso coração dilatou-se para acolher todos como filhos. Dai-nos um coração cheio de amor e dedicação apostólica semelhante ao coração de Jesus e ao de são Paulo. Abençoai-nos, ó Maria, nossa Mãe, Mestra e Rainha! Amém.

Neste momento, peço a Deus, por intercessão do bem-aventurado Tiago Alberione, a graça (*fazer o pedido*). Deus me ouça, me abençoe e me guarde. Amém.

Pai-Nosso, Ave-Maria, Glória-ao-Pai...

Outras orações do bem-aventurado Tiago Alberione

Oferecimento do dia

Divino Coração de Jesus, eu vos ofereço, por meio de Maria, Mãe da Igreja, Rainha dos Apóstolos, e em união como sacrifício eucarístico, todas as minhas ações, orações, alegrias e sofrimentos deste dia, em reparação dos pecados, pela salvação de todas as pessoas e pelas intenções do Santo Padre, o Papa, nosso Pastor, e para a glória do Pai, na graça do Espírito Santo. Amém.

Oferecimento eucarístico

Voltemo-nos confiantes a Jesus Cristo, Divino Mestre, presente na eucaristia, e rezemos:

Escutai-nos, ó Mestre!

Para que Jesus Cristo seja reconhecido como o Caminho, a Verdade e a Vida.

Para que vivamos o Evangelho em toda a sua extensão, altura e profundidade.

Para que na formação das novas gerações se dê uma orientação cristã.

Para que a teologia e a atividade pastoral se inspirem em Cristo, Bom Pastor.

Para que todos os cristãos incentivem as vocações a serviço do Evangelho.

Para que os sacerdotes vivam, a exemplo de Cristo, sua pobreza e atividade apostólica.

Para que os consagrados e todos os cristãos sejam testemunhas autênticas de Cristo.

Para que sirvamos à Igreja numa entrega total.

Para que a Igreja, fazendo seu o anseio de Cristo, acolha todos os povos.

Para que a nossa comunhão com os irmãos e com o papa nos guie no caminho da fraternidade e da paz.

Para que os cristãos orientem sua vida segundo os princípios da justiça evangélica.

Para que todos os povos do mundo vivam a verdadeira democracia, haja trabalho para todos, justiça social e caridade.

Para que o mundo do trabalho se inspire nos princípios cristãos.

Para que todos os cristãos realizem sua vocação universal à santidade.

Para que os meios modernos de comunicação sejam utilizados para a evangelização e para a paz de todos os povos.

Oração a são Paulo

São Paulo, apóstolo, que evangelizastes o mundo inteiro com vossa doutrina e caridade, olhai com bondade para nós, vossos filhos e discípulos.

Tudo esperamos de vossa intercessão junto ao Mestre divino e a Maria, Rainha dos Apóstolos. Fazei, ó doutor dos gentios, que vivamos de fé e nos salvemos pela esperança, e que a caridade reine em nossos corações.

Obtende-nos, ó Vaso de eleição, que saibamos corresponder plenamente à graça divina, para que ela frutifique em nós! Fazei que vos possamos conhecer, amar e seguir sempre melhor. Que sejamos membros vivos da Igreja, corpo místico de Jesus Cristo.

Suscitai muitos e santos apóstolos! Como um sopro de vida e de calor, que se propague no mundo o amor verdadeiro. Que todos conheçam e glorifiquem a Deus e ao Divino Mestre, Caminho, Verdade e Vida.

E vós, Senhor Jesus, que conheceis nossa fraqueza, concedei-nos, pela vossa misericórdia, que sejamos defendidos contra toda adversidade, pela poderosa intercessão do apóstolo Paulo, nosso mestre e protetor. Amém.

Oração ao Espírito Santo para pedir saúde

Divino Espírito Santo, Criador e Renovador de todas as coisas, vida de minha vida!

Com Maria Santíssima, eu vos adoro, agradeço e vos amo! Vós, que dais vida a todo o universo, conservai em mim a saúde. Livrai-me de todas as doenças e de todo mal!

Ajudado com vossa graça, quero usar sempre minha saúde, empregando minhas forças para a glória de Deus, para o meu próprio bem e para o bem do próximo. Peço-vos, ainda, que ilumineis, com vossos dons de sabedoria e ciência, os médicos e todos os que se ocupam dos doentes, para que conheçam a verdadeira causa dos males que destroem ou ameaçam a vida e possam também descobrir e aplicar os remédios mais eficazes para defender a vida e curá-los. Virgem santíssima, Mãe da Vida e Saúde dos enfermos, sede mediadora nesta minha humilde oração! Vós que sois a Mãe de Deus e nossa Mãe, intercedei por mim! Amém.

Cronologia do bem-aventurado padre Tiago Alberione

1884   4 de abril – nasce em São Lourenço de Fossano (Itália).

1896   Ingressa no seminário de Bra.

1900   Muda-se para o seminário diocesano de Alba.

1900   31 de dezembro – Noite luminosa de oração na catedral de Alba.

1907   29 de junho – Ordenação sacerdotal.

1914   20 de agosto – Fundação da Pia Sociedade São Paulo.

1915   15 de junho – Fundação da Pia Sociedade Filhas de São Paulo.

1917   30 de junho – Fundação da Associação dos Cooperadores Paulinos.

1924   10 de fevereiro – Fundação da Congregação das Discípulas do Divino Mestre.

- 1931 Envia os primeiros Paulinos e Paulinas ao Brasil.
- 1938 Fundação da Congregação das Irmãs do Bom Pastor (Pastorinhas).
- 1959 Fundação da Congregação das Irmãs Apostolinas.
- 1960 Fundação dos Institutos seculares: São Gabriel Arcanjo e Nossa Senhora da Anunciação.
- 1961 Fundação do Instituto Jesus Sacerdote e criação do Instituto da Sagrada Família.
- 1971 26 de novembro – Falecimento às 18h25, após ter recebido a visita do papa Paulo VI.
- 1996 25 de junho – Declarado "Venerável" pela Igreja.
- 2003 27 de abril – "Beatificado" pelo papa João Paulo II.

AS FUNDAÇÕES DE PADRE TIAGO ALBERIONE

Dez vozes para anunciar o Evangelho

- Sociedade São Paulo – 1914
  A mídia a serviço do Evangelho
- Pia Sociedade Filhas de São Paulo – 1915
  O anúncio do Evangelho com os meios de comunicação social
- Pias Discípulas do Divino Mestre – 1924
  Eucaristia, sacerdócio e liturgia para evangelizar
- Irmãs de Jesus Bom Pastor – 1938
  Em comunhão com os párocos para viver o Evangelho
- Irmãs de Maria Rainha dos Apóstolos – 1959
  A serviço das vocações para o anúncio do Evangelho
- Instituto Jesus sacerdote – 1960
  Toda iniciativa pastoral para tornar conhecido o Evangelho
- Instituto Nossa Senhora da Anunciação – 1960
  Consagrada no mundo para o anúncio do Evangelho
- Instituto São Gabriel Arcanjo – 1960
  Consagrados no mundo para o Evangelho
- Instituto Sagrada Família – 1960
  Casais consagrados para anunciar o Evangelho às famílias
- Cooperadores paulinos – 1917
  Leigos que colaboram para a divulgação do Evangelho

NOSSAS DEVOÇÕES
(Origem das novenas)

De onde vem a prática católica das novenas? Entre outras, podemos dar duas respostas: uma histórica, outra alegórica.

Historicamente, na Bíblia, no início do livro dos Atos dos Apóstolos, lê-se que, passados quarenta dias de sua morte na Cruz e de sua ressurreição, Jesus subiu aos céus, prometendo aos discípulos que enviaria o Espírito Santo, que lhes foi comunicado no dia de Pentecostes.

Entre a ascensão de Jesus ao céu e a descida do Espírito Santo, passaram-se nove dias. A comunidade cristã ficou reunida em torno de Maria, de algumas mulheres e dos apóstolos. Foi a primeira novena cristã. Hoje, ainda a repetimos todos os anos, orando, de modo especial, pela unidade dos cristãos. É o padrão de todas as outras novenas.

A novena é uma série de nove dias seguidos em que louvamos a Deus por suas maravilhas, em particular, pelos santos, por cuja intercessão nos são distribuídos tantos dons.

Alegoricamente, a novena é antes de tudo um ato de louvor ao Pai, ao Filho e ao Espírito Santo, Deus três vezes Santo. Três é número perfeito. Três vezes três, nove. A novena é louvor perfeito à Trindade. A prática de nove dias de oração, louvor e súplica confirma de maneira extraordinária nossa fé em Deus que nos salva, por intermédio de Jesus, de Maria e dos santos.

O Concílio Vaticano II afirma: "Assim como a comunhão cristã entre os que caminham na terra nos aproxima mais de Cristo, também o convívio com os santos nos une a Cristo, fonte e cabeça de que provêm todas as graças e a própria vida do povo de Deus" (*Lumen Gentium*, 50).

Nossas Devoções procura alimentar o convívio com Jesus, Maria e os santos, para nos tornarmos cada dia mais próximos de Cristo, que nos enriquece com os dons do Espírito e com todas as graças de que necessitamos.

Francisco Catão

Coleção Nossas Devoções

- *Imaculada Conceição*. Novena ecumênica – Francisco Catão
- *Nossa Senhora Achiropita*. Novena e biografia – Antonio S. Bogaz e Rodinei Thomazella
- *Nossa Senhora Aparecida*. História e novena – Maria Belém
- *Nossa Senhora das Graças ou Medalha Milagrosa*. Novena e origem da devoção – Mario Basacchi
- *Nossa Senhora de Fátima*. Novena e história das aparições aos três pastorzinhos – Mons. Natalício José Weschenfelder
- *Nossa Senhora de Guadalupe*. Novena e história das aparições a são Juan Diego – Maria Belém
- *Nossa Senhora de Lourdes*. História e novena – Mons. Natalício José Weschenfelder
- *Nossa Senhora de Nazaré*. Novena e história – Maria Belém
- *Nossa Senhora Desatadora dos Nós*. História e novena – Frei Zeca
- *Nossa Senhora do Carmo*. Novena e história – Maria Belém
- *Nossa Senhora do Perpétuo Socorro*. História e novena – Mario Basacchi
- *Novena do Bom Jesus* – Francisco Catão
- *Orações do cristão*. Preces diárias – Celina H. Weschenfelder (org.)
- *Os anjos de Deus*. Novena – Francisco Catão
- *Paulo, homem de Deus*. Novena de são Paulo Apóstolo – Francisco Catão
- *Sagrada Família*. Novena – Pe. Paulo Saraiva
- *Santa Edwiges*. Novena e biografia – J. Alves
- *Santa Luzia*. Novena e biografia – J. Alves
- *Santa Paulina*. Novena e biografia – J. Alves
- *Santa Rita de Cássia*. Novena e biografia – J. Alves
- *Santa Teresinha do Menino Jesus*. Novena e biografia – Mario Basacchi
- *Santo Afonso de Ligório*. Novena e biografia – Mario Basacchi

- *Santo Antônio*. Novena, trezena e responsório – Mario Basacchi
- *Santo Expedito*. Novena e dados biográficos – Francisco Catão
- *São Cosme e são Damião*. Biografia e novena – Mario Basacchi
- *São Cristóvão*. História e novena – Pe. Mário José Neto
- *São Francisco de Assis*. Novena e biografia – Mario Basacchi
- *São Judas Tadeu*. História e novena – Maria Belém
- *São Pedro, apóstolo*. Novena e biografia – Maria Belém
- *São Sebastião*. Novena e biografia – Mario Basacchi
- *Tiago Alberione*. Novena e biografia – Maria Belém

Impresso na gráfica da
Pia Sociedade Filhas de São Paulo
Via Raposo Tavares, km 19,145
05577-300 - São Paulo, SP - Brasil - 2003